もっとやさしいコグトレ

思考力や社会性の基礎を養う

認知機能強化トレーニング

[編著] 宮口幸治

[著] 青山芳文　佐藤友紀

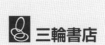

三輪書店

はじめに

　認知機能の強化を目的としたコグトレも本書で 3 冊目となりました。認知機能とは、記憶、知覚、注意、言語理解、判断・推論といった幾つかの要素が含まれた知的機能を指します。認知機能は学習に必須の働きであり、学習に躓きを抱える子どもは認知機能の働きのどこかに、または複数に弱さをもっている可能性があります。また、認知機能は学習面だけでなく、人に興味を向ける、人の気持ちを考える、人とコミュニケーションをとる、自分で考えて行動する、さまざまな困った問題に対処するなど、子どもの日常生活にとって必要な力でもあり、認知機能に弱さがあれば、対人スキルの困難さに繋がることもあります。それに対処すべく開発されたのが認知機能を強化するトレーニング "コグトレ" です。

　これまで刊行された『コグトレ みる・きく・想像するための認知機能強化トレーニング』（三輪書店）は "やや易～やや難"、『やさしいコグトレ 認知機能強化トレーニング』（三輪書店）は "易" といったレベル設定がなされています。特に後者は年中児～小学校低学年を対象としておりましたが、そのなかでも知的障害があり認知機能が弱いお子さんにとっては、まだ問題が難しく、特別支援学校等からもう少し基礎的なところからのトレーニングをぜひ作ってほしい、といったご要望を多々いただき、このたび "もっと易" といったレベル設定とした本書の刊行となりました。

　対象は年少児から就学前児童ですが、それ以上でも『やさしいコグトレ』が難しいお子さんや認知症、知的障害をもった方々にも十分取り組んでいただけるよう配慮しております。お子さんが本書を終え、前 2 冊のコグトレにもチャレンジされ、勉強のみならず、円滑な日常生活を送られるうえで少しでもお役に立てることを願っております。

著者を代表して
立命館大学　児童精神科医・医学博士
宮口幸治

目次

→ 本書の構成と使い方

1. 本書の対象

　年少組（3歳児クラス）のお子さんから発達がゆっくりしている年中組のお子さんを主な対象としていますが、年中・年長組（4・5歳児クラス）のお子さんや、小学生でも見たり聞いたり書いたりすることが苦手で前書『やさしいコグトレ　認知機能強化トレーニング』（三輪書店）が難しいお子さんや、知的障害のある方にも十分取り組んでいただける内容となっています。

　ただ、本書では幼児向きの絵を多く使用しておりますので、実年齢が中学生以上の方で内容に抵抗がある場合には、上述の『やさしいコグトレ』や『コグトレ　みる・きく・想像するための認知機能強化トレーニング』(三輪書店) から難しい課題を除いたものをご使用いただくことをお勧めします。

　なお、特に幼児期のお子さんには、本書で扱っている「机上課題」に加え、遊びを中心とした豊かな活動も大切です。そのため、幼児期のコグトレの活用について、章「幼児期の発達とコグトレ」で解説していますので、参考にしていただければ幸いです。

2. 本書の構成

　本書は、『コグトレ　みる・きく・想像するための認知機能強化トレーニング』および『やさしいコグトレ　認知機能強化トレーニング』(三輪書店)の基礎的な課題をより容易に取り組んでもらえるよう作成し直し、再編したものです。『やさしいコグトレ』は、「数える」「写す」「見つける」「想像する」の4つのトレーニングからなりますが、本書では「想像する」の代わりに「覚える」を加え、**「覚える」「数える」「写す」「見つける」**の4つのトレーニングから構成されています(課題一覧　参照)。以下、順にその概要を説明します。

● 覚える

　集中力や短期記憶（視覚系、聴覚系）の力を養います。以下の3つのトレーニングからなります。

なにがあった？

　はじめに1枚目の「覚えるシート」の絵を見て覚えてもらい、次に2枚目の「答えるシート」の中で「覚えるシート」の絵にあったもの、なかったものを見つけます。

なにがでてきた？

　1枚目の「覚えるシート」の短い話を聞いて覚えてもらい、この短い話に出てきた動物などを2枚目の「答えるシート」の絵の中から見つけます。

どうぶつでポン

　短い文章を聞いて、動物の名前が出てきたら手を叩きます。

● 数える

数感覚や集中力、短期記憶の力などを養います。以下の 2 つのトレーニングからなります。

まとめる

ある記号を、決められた数だけ◯で囲むことで、集合数としての数感覚を養います。

かぞえる

具体物の絵や記号を数えます。また、ある絵（🍎 など）の数を数えながらその絵にチェックしていったり、複数の絵（🍎 と 🍓 など）に◯をつけてそれぞれの絵の数を数えたり、書かれてあるルールのもと、◯をつけずに数えたりしていきます。注意深く正確に数えることで集中力をつけたり、順序数としての数感覚を養います。

● 写す

視空間認知力や一定の条件で分類する力などを養います。以下の 3 つのトレーニングからなります。

ぬりえ

一般的な塗り絵で遊んだ後、◯△□などが混在しているシートで特定の形に色を塗ったり、形ごとに色を塗り分けたりします。手指をコントロールしたり、分類する力を養います。

てんつなぎ

薄い線をなぞり、見本の絵をまず完成させます。見本の絵を見ながら、下の絵では×をつないで直線を引き、見本の絵と同じになるように完成させます。斜め線を含まない点つなぎから始め、斜め線を含む点つなぎへと発展させていきます。基本的な図形の認識や、将来の文字学習の土台となる視覚認知や手指操作の基礎的な力を養います。

曲線で描かれた見本の絵を見て、下の絵では破線で引かれた線をヒントに、なぞったり、補ったりすることで完成させます。さらに、その下にフリーハンドで同じ絵を描いてみます。全体のまとまりを認知する力や、将来のひらがななど曲線からなる文字学習の土台となる視覚認知や手指操作の基礎的な力を養います。

● 見つける

視覚情報を整理する力を養います。以下の5つのトレーニングからなります。

めいろ

いわゆる迷路遊びです。視空間認知力を養うとともに、抑制する力や先を見通す力を養います。

このかげはどれ？

提示された絵を見て、その絵の影となるものはどれか、を考えます。図形認識に必要な、形の輪郭を見分ける力や形の恒常性の力を養います。

ちがうのはどこ？

2枚の絵を見比べ、違う部分を見つけます。複数の視覚情報の共通点・相違点を見つける力を養います。

ちがうえはどれ？

3枚以上の絵の中から、他と違う絵を1枚見つけます。複数の視覚情報の共通点・相違点を見つける力を養います。

どこがおかしい？

1枚の絵の中に実際にはありえないおかしいところがあります。それが何かを考えてもらいます。絵の意味や文脈の違いに着目するなど洞察力を養います。

3. 本書の使い方

　本書の使い方は、次章で各課題別に説明しています。それぞれ課題シートの見本を提示して、〈ねらい〉、〈のびる力〉、〈課題〉、〈進め方〉、〈ここでつけたい力〉、〈指導のポイント〉、〈もっとチャレンジ〉の順に記載しています。解答は巻末にあります。

　本書は大きく 4 つのトレーニング（**覚える、数える、写す、見つける**）からなりますが、これらのうち、いずれから始めても問題ありません。

　本トレーニングは、興味や意欲をもってていねいに取り組むことが大切ですので、時間を気にせず、ゆっくり取り組むようにしましょう。課題ができない場合は、「何をすればいいのか」をわかっていないことがあるので、課題を始める前に「何をすればいいのか」をわかりやすく伝えます。初めのシートで正解を示すことで「何をすればいいのか」が伝わることがあります。

　その課題をどうしてもやりたがらない、説明しても「何をすればいいのか」がわからない、誤答が続くなどの場合は、まだその課題に取り組むのが難しいのだと考えて、無理に取り組ませることは避けたほうがいいでしょう。また、〇をつけたり、番号を書いたりする課題がありますが、書くのではなく指さしや言葉で答えるのでも問題ありません。

4. 付録 CD について

　本書の付録 CD には、課題一覧にある各トレーニングの課題シートが収録されています。シートは PDF 形式となっておりますので、Adobe Acrobat Reader（無償）がインストールされているパソコンで開いて、プリントしてお使いください。

● ご利用上の注意

・本製品は CD-ROM です。CD-ROM 対応以外の機器では再生をしないようにご注意ください。再生方法については、各パソコンや再生ソフトのメーカーにお問い合わせください。

・ハードウェア、ソフトウェア環境等により正常に再生できないことがあります。この場合は各メーカーにお問い合わせください。

・PDF ファイルをご覧いただくには、Adobe Systems 社の Adobe Acrobat Reader（無償）が必要になります。事前に Adobe Systems 社のサイトよりダウンロードください（Adobe Acrobat Reader は Adobe Systems 社の米国およびその他の国における登録商標です）。

● 権利関係

・本 CD に収載されているトレーニングシートの著作権は、著作者ならびに株式会社三輪書店に帰属します。無断での転載、改変はこれを禁じます。

課題一覧

	大項目	小項目	内容	枚数
覚える	なにがあった？	1〜10	はじめに「覚えるシート」（1枚目）の絵を見て、次の「答えるシート」（2枚目）の中で「覚えるシート」にあったもの、なかったものを指さす。	20
	なにがでてきた？	1〜10	はじめに「覚えるシート」（1枚目）の話を聞き、次の「答えるシート」（2枚目）の中で「覚えるシート」に出てきたものを指さす。	20
	どうぶつでポン	1〜10	動物の名前が入った短い文章を聞き、動物の名前が出てきたら手を叩く（3文1セットで1回5セット）。	10
数える	まとめる①	1〜10	バラバラの🍊を2個（3個、4個）ずつ囲む。	10
	まとめる②	1〜10	🍊、🍓、🍓が混じった中から🍊だけを3個ずつ囲む。	10
	かぞえる①	1〜10	直線に並んだ対象物に指を当てて声を出して数える（10まで）。	10
	かぞえる②	1〜10	ランダムな配置にある対象物に指を当てて声を出して数える（10まで）。	10
	かぞえる③	1〜10	規則正しく並んだ果物の中から🍊の数を〇をつけながら数える（11まで）。	10
	かぞえる④	1〜10	ランダムに並んだ果物の中から🍊の数を〇をつけながら数える（11まで）。	10
	かぞえる⑤	1〜10	ランダムに並んだ果物の中から🍊と🍌に〇をつけながら数える（10まで）。	10
	かぞえる⑥	1〜10	規則正しく並んだ果物の中から4種類の果物を数える（〇はつけない。10まで）。	10
	かぞえる⑦	1〜10	ランダムに並んだ果物の中から4種類の果物を数える（〇はつけない。10まで）。	10
	かぞえる⑧	1〜10	隣に🐱や💀がいる果物を飛ばして指定された果物に〇をつける。	10
写す	ぬりえ	1〜10	一般的な塗り絵で遊んだ後、〇△□などが混在しているシートで特定の形に色を塗ったり、形ごとに色を塗り分けたりする。	10
	てんつなぎ①	1〜10	上では絵の薄い直線をなぞる。下では上を見本に写す。	10
	てんつなぎ②	1〜10	上では絵の薄い直線をなぞる。下では上を見本に写す（斜めに結ぶ直線が含まれる）。	10
	きょくせんつなぎ	1〜10	上を見本に、真ん中では破線をなぞり、下では見本と同じようにフリーハンドで写す。	10

	大項目	小項目	内容	枚数
見つける	めいろ	1 ～ 10	入口からスタートして迷路の中心にあるゴールまで鉛筆でたどる。	10
	このかげはどれ？	1 ～ 10	見本の絵の影を3点ないしは4点の中から選ぶ。	10
	ちがうのはどこ？	1 ～ 10	2枚の絵の中から違うところを3つ選ぶ。	10
	ちがうえはどれ？	1 ～ 10	3枚ないしは4枚の絵の中から違う絵を1枚選ぶ。	10
	どこがおかしい？	1 ～ 10	1枚の絵の中からおかしいところを1つ見つける。	10

➡各トレーニングの
やり方

覚える なにがあった？

ねらい	集中力や短期記憶（視覚系）の力を養います。
のびる力	見て覚えておく力。
課題	なにがあった？-1〜10　計20枚 （「覚えるシート」と「答えるシート」で1セット×10回分）

見本

コグトレ　なにがあった？　－1　　おぼえるシート

＿＿＿＿ がつ　にち　なまえ（　　　　　　）

どうぶつえんに いきました。いろいろな どうぶつが いるね。

これは・・なにかな？

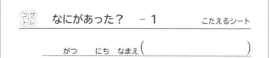

コグトレ　なにがあった？　－1　　こたえるシート

＿＿＿＿ がつ　にち　なまえ（　　　　　　）

では、つぎの えを みてね。

とい1：どのどうぶつが いたかな？　ゆびさして みよう。

とい2：どのどうぶつが いなかったかな？　ゆびさして みよう。

◀ 進め方

- はじめに「覚えるシート」の絵を見てもらいます。そして、次の「答えるシート」の中で、「覚えるシート」にあったものやなかったものに指を差してもらいます。

◀ ここでつけたい力

- 絵をしっかり見て覚えて、何があったのか、何がなかったのかを見分ける力や覚える力をつけていきます。

◀ 指導のポイント

- 「覚えるシート」では、何があるか、声を出して答えてもらいましょう。特に、「答えるシート」にも出てくるものには、指を差してもらいながら、しっかり声を出して確認してもらうことがポイントです。
- 時間の制限はありませんので、しっかり見てもらいましょう。
- 「答えるシート」で間違えれば、再度「覚えるシート」を見てもらい、どこが違ったのかを確認するようにしましょう。

◀ もっとチャレンジ

『コグトレ みる・きく・想像するための認知機能強化トレーニング』（三輪書店）の「覚える」（視覚性の短期記憶）の中にある課題シート「○はどこ？①〜④」を1枚ずつ提示して○がどこにあったかを指を差してもらうなどして使ってみてください。

覚える なにがでてきた？

ねらい	集中力や短期記憶（聴覚系）の力を養います。
のびる力	聞いて覚えておく力。
課 題	なにがでてきた？-1～10　計20枚 （「覚えるシート」と「答えるシート」で1セット×10回分）

見本

コグトレ　なにがでてきた？　－1　　おぼえるシート

＿＿＿＿＿＿　がつ　にち　なまえ（　　　　　　　　　　　　）

いまから、すいぞくかんの おはなしを するね。

> 夏休みに、おうちの人と一緒に水族館に行きました。
> 大きなタコが泳いでいました。
> タコは足が8本もありました。
> 同じ水槽の中に、ウミガメもいました。
> ウミガメは泳ぎが上手で、たくさん泳いでいました。
> お魚をたくさん見ることができて、とても楽しかったです。

コグトレ　なにがでてきた？　－1　　こたえるシート

＿＿＿＿＿＿　がつ　にち　なまえ（　　　　　　　　　　　　）

では、つぎの えを みてね。

とい1：いまの おはなしに でてきた どうぶつは どれかな？
　　　　ゆびさして みよう。
とい2：タコの あしは なんぼん だったかな？

◀ 進め方

※ CDの中にある課題シートをプリントしてお使いください。

- はじめに「覚えるシート」の話をゆっくり読み上げます。そして、次の「答えるシート」の中で、「覚えるシート」に出てきたものに指を差してもらったり、問いに答えてもらいます。

◀ ここでつけたい力

- 話をしっかり聞いて覚えて、何があったのか、何がなかったのかを聞き分ける力や覚える力をつけていきます。

◀ 指導のポイント

- 1回で覚えられないようであれば、2回、3回と読み上げてあげましょう。
- 答えが間違っていれば、正解するまで何度も読み上げてあげましょう。
- 難しければ、「答えるシート」を見せながら読み上げてあげましょう。

◀ もっとチャレンジ

『コグトレ みる・きく・想像するための認知機能強化トレーニング』（三輪書店）の「覚える」（聴覚性の短期記憶）の中にある課題シート「何が一番？①②」の内容をトレーナーが図示しながら読み上げるなどして使ってみてください。

ねらい	集中力や短期記憶（聴覚系）の力を養います。
のびる力	聞いて覚えておく力。
課　題	どうぶつでポン-1〜10　計10枚 （3文で1セットを1回につき5セット×10回分）

見本

コグ
トレ　**どうぶつでポン　－1**

＿＿＿＿＿がつ＿＿＿＿にち　なまえ（　　　　　　　　　　　　　）

これから短い文章を読み上げます。
よく聞いて、それぞれの文章の中に動物の名前が出てきたら
手をたたきましょう。

1　冬に森の中でサルに出会いました。
　　赤いサルは手に杖を持っていました。
　　サルの杖の先から光が出ました。

2　ピカッと光ったのを友だちのイヌが見ました。
　　雷ではなく、あのサルの杖の光です。
　　これから金色の光を出すサルの話をします。

3　木曜日の朝、ネコのみーちゃんが目を覚ましました。
　　冬の間、寒かったのでサルはずっと寝ていました。
　　「大変だ、大変だ」とサルが言いました。

4　やっと今日からネコの仕事が始まります。
　　イヌの家に魔法の杖がありました。
　　大急ぎでキツネは杖を取ろうとしました。

5　杖を取ろうとウサギが手を伸ばします。
　　「あらあら杖がありません」とイヌが言いました。
　　たしかにイヌが寝る前にはありました。

進め方

- 動物の名前が入った短い文章を読み上げて、動物の名前が出てきたら手を叩いてもらいます。3 文を読み上げて 1 セットになります。1 回につき 5 セットを施行します。

ここでつけたい力

- 人の話をしっかり注意して聞く力をつけます。動物の名前が出てきたら手を叩いてもらうことで、より注意深く聞くことができる力をつけていきます。

指導のポイント

- 最初はゆっくりと読み上げ、動物の名前が出てきたらしっかりと手が叩けることを目指します。
- 手を叩く代わりに、手を挙げてもらうのもいいでしょう。
- もし余裕があれば、出てきた動物の名前も答えてもらいましょう。

もっとチャレンジ

『コグトレ みる・きく・想像するための認知機能強化トレーニング』（三輪書店）の「覚える」（聴覚性の短期記憶）の中にある課題シート「最初とポン」「最後とポン」を使ってみてください。

数える

まとめる

見本

コグトレ　まとめる　① − 1

がつ　　にち　なまえ（　　　　　　　　　）

🍎 を 2 こずつ 〇 で かこんで みよう。

進め方

- 「まとめる①」では、🍎 を 2 個、または 3 個、4 個ずつ ◯ で囲みます。
- 「まとめる②」では、🍊、🍓、🍊 が混じった中から 🍎 だけを 3 個ずつ
◯ で囲みます。

ここでつけたい力

- 数を数える際には、1 つずつ数える方法と、かたまり（量）として把握する
方法があります。数感覚の基礎を養うため、対象を ◯ で囲むことで、対象
をかたまり（量）としてまとめて見る力をつけていきます。

指導のポイント

答え 52 ページ

- 時間を気にせず、ゆっくり確実に ◯ で囲むように促します。
- 「まとめる①」では、🍎 を 1 つずつ数えて ◯ で囲むよりも、決められた数
の 🍎 をかたまりで見つけてから ◯ をつけるよう伝えましょう。
- 「まとめる②」では、🍎 以外のものが混じっているため、より注意深く全体
を見なければなりません。落ち着いて、よく見るように伝えましょう。

もっとチャレンジ

『やさしいコグトレ 認知機能強化トレーニング』（三輪書店）の「数える」の中
にある課題シート「まとめる①②」や、『コグトレ みる・きく・想像するため
の認知機能強化トレーニング』（三輪書店）の「数える」の中にある「まとめ
る-1〜10」を使ってみてください。

かぞえる

ねらい	注意力や集中力、抑制力を養います。
のびる力	集中力がつく、うっかりミスが減る、など。
課題	かぞえる①〜⑧-1〜10　計80枚

見本

コグトレ　かぞえる　①－1

_____ がつ　　にち　なまえ（　　　　　　　　　　　）

とい1：イヌは なんひき いるかな？　　（　　　　）ひき

とい2：〇は いくつ あるかな？　　（　　　　）つ

◀ 進め方

※ CD の中にある課題シートをプリントしてお使い
ください。

- 「かぞえる①〜⑧」の各シートにある取り組み方に沿って進めてください。
- 「かぞえる①」「かぞえる②」では、並んだ対象物に指を当てて、声を出して数えることからはじめてみてもよいでしょう。
- 「かぞえる⑧」では、🕐 や 🍌 を見つけて ◯ で囲みますが、それらのとなりに 🐺 や 🦁 がいれば ◯ をつけません。

◀ ここでつけたい力

- 対象を注意深く正確に数えることで、注意力や集中力をつけます。
- 「かぞえる⑧」では、ある条件ではブレーキをかけることで、刺激に対する抑制の力をつけます。これによってうっかりミスを減らす力を養います。

◀ 指導のポイント

答え 52〜56 ページ

- 対象をより注意深く正確に数える練習を行いますので、時間の許すかぎり丁寧にやってもらいましょう。
- 答えが間違っていた場合、どこで間違ったのかに気づくよう確認してもらいましょう。

◀ もっとチャレンジ

『やさしいコグトレ 認知機能強化トレーニング』（三輪書店）の「数える」の中にある課題シート「記号さがし①②③」を使ってみてください。

写す　ぬりえ

ねらい	集中力をつけたり、手指をコントロールして分類する力を養います。
のびる力	図や文字をうまく書ける、など。
課　題	ぬりえ-1〜10　計10枚

見本

ぬりえ　−1

がつ　　にち　なまえ（　　　　　　　　　　）

すきな いろを ぬって みよう。

◀ 進め方

※ CD の中にある課題シートをプリントしてお使い
　　ください。

• 一般的な塗り絵で遊んだ後、指示に従って、○△□などが混在しているシー
　トで特定の形に色を塗ったり、形ごとに色を塗り分けたりします。

◀ ここでつけたい力

• 塗り絵を通して集中力をつけます。また、手先の巧緻性を高め、字がうまく
　書ける基礎を作ります。
• 視覚と手先の運動との協応の力も養います。
• 色の識別や色彩感覚も養います。

◀ 指導のポイント

• 好きな色を好きなように塗ることが目的ですので、場にそぐわない色を使っ
　たとしてもそのまま続けましょう。
• 発達に応じて、クレヨン、色鉛筆、マジックなどを使い分けましょう。

◀ もっとチャレンジ

『やさしいコグトレ　認知機能強化トレーニング』（三輪書店）の「写す」の中に
ある課題シート「点つなぎ①②③」を使ってみてください。

写す　てんつなぎ

ねらい　見本を正確に写すといった、視覚認知の基礎力を養います。

のびる力　簡単な図形を描き写す、ひらがなを覚える、など。

課題　てんつなぎ①②-1〜10　計20枚

見本

コグトレ　てんつなぎ　①－1

がつ　　にち　なまえ（　　　　　　　　　　　　）

とい1：うすいせんを なぞって みよう。

とい2：うえのえを うつして みよう。

×を つないで せんを ひいてね。

◀ 進め方

※ CD の中にある課題シートをプリントしてお使いください。

・まず、上段の絵の薄い実線をなぞります。

・次に、上段の見本を見ながら、下段に、フリーハンドで線を引いて、下段の絵が見本と同じ絵になるようにします。

◀ ここでつけたい力

・ひらがなが正確に書けない子どもは、文字の形態を認知する力が弱いことも関係しています。ここでは、まず文字よりも基礎的な形を認知できる力を養い、文字を書く力にもつなげます。

・文字を書く際には、まっすぐ線を引く力も必要です。手先の微細運動、視覚と手先の運動の協応の力も養います。

◀ 指導のポイント

答え 57～61 ページ

・フリーハンドで直線を引く力をつけることを目的としていますので、定規は使わないように伝えましょう。

・最初はまっすぐ線が引けなくても、正しい×と×をつなごうとしていることがわかれば正解としましょう。

・できるだけ消しゴムを使わないで最初から正確に書いてみるよう注意を促しましょう。

・もし正確に写せていなければ、すぐに正解を教えるのではなく、どこが間違っているのかを見つけてもらいましょう。3 回トライさせても見つけられなければ正解を教えて、後日、再度トライさせると効果的です。

◀ もっとチャレンジ

『やさしいコグトレ 認知機能強化トレーニング』（三輪書店）の「写す」の中にある課題シート「点つなぎ①②③」、「ゆれる点つなぎ」を使ってみてください。

きょくせんつなぎ

ねらい	曲線からなる文字や図形を認知する力を養います。
のびる力	ひらがなをうまく書く、曲線をうまく引く、など。
課　題	きょくせんつなぎ-1〜10　計10枚

見本

コグトレ　きょくせんつなぎ　− 1

がつ　　にち　なまえ（　　　　　　　　　）

とい１：まんなかの えを なぞりましょう。

とい２：いちばんしたに えを かいてみよう。

うえのえと おなじえに しようね。

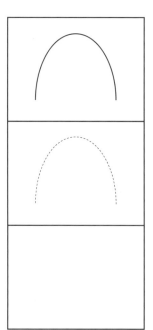
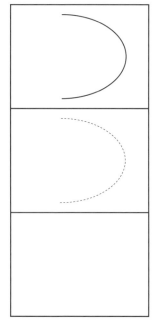

◀ 進め方

※ CD の中にある課題シートをプリントしてお使い
　　ください。

- 上段の見本を中段、下段にフリーハンドで写します。中段は破線をなぞる、
　下段は上を見ながら同じように写していきます。

◀ ここでつけたい力

- ひらがなは、ほとんどが曲線からなっており、曲線がうまく引けないと、ひ
　らがなもうまく書けません。また、円などの図形を描いたりするのにも曲線
　を引く力が必要です。そのためには、まず曲線がどのようなものか、認知で
　きる必要があります。この課題を通して曲線の含まれた文字や図形を認知す
　る力を養います。
- 「てんつなぎ」と同様に、手先の微細運動、視覚と手先の運動の協応も養いま
　す。

◀ 指導のポイント

答え 62～64 ページ

- 破線を手がかりに、ゆっくりと、ていねいに模写してもらいましょう。
- 下段がまだ難しければ、中段の破線をなぞるだけでもよいでしょう。
- 下段の曲線が上段の見本と大きさや向きが違っていても形が似ていればよし
　としましょう。

◀ もっとチャレンジ

『やさしいコグトレ　認知機能強化トレーニング』(三輪書店) の「写す」の中に
ある課題シート「曲線つなぎ①②③」を使ってみてください。

見つける めいろ

見本

めいろ　− 1

がつ　　にち　なまえ（　　　　　　　　　　　　）

ネコさんは さかなが だいすき！

さかなの ところまで いってみよう。

かべに ぶつからないようにしようね。

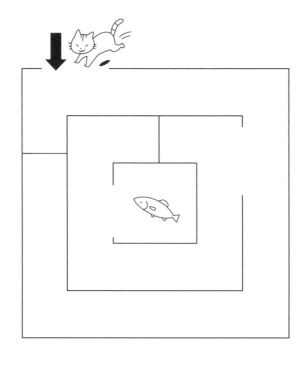

▶ 進 め 方

※ CD の中にある課題シートをプリントしてお使いください。

- 入口からスタートしてめいろの中心にあるゴールまで鉛筆でたどっていきます。

▶ ここでつけたい力

- 計画や見通しをもちながら実行する力、ルートをたどるなかで集中して追視する力、視空間認知力を養います。

▶ 指導のポイント

- 難しいようであれば、鉛筆でいきなりたどり始める前に、指でなぞってからうまくいくかを確かめてもらいましょう。
- 難しいようであれば、ゴール（図の中心）からスタートして外に出てみましょう。

▶ もっとチャレンジ

めいろのテキストは数多く市販されていますので、子どもの発達に応じて選んでみましょう。

見つける このかげはどれ？

ねらい	共通した形の輪郭を見分ける力、形の恒常性の力を養います。
のびる力	形をしっかり読みとる、など。
課　題	このかげはどれ？-1～10　計10枚

見本

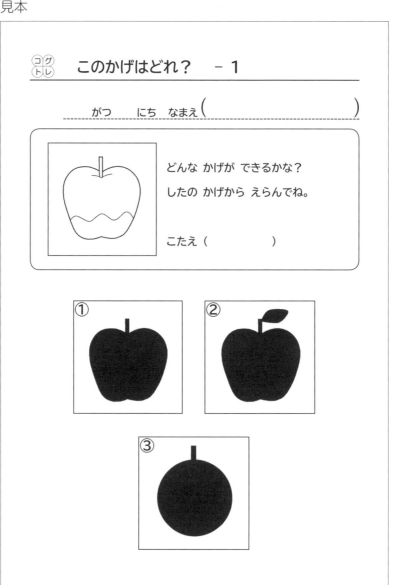

コグ トレ

このかげはどれ？　-1

がつ　にち　なまえ（　　　　　　　　　　　　）

どんな かげが できるかな？
したの かげから えらんでね。

こたえ（　　　　　）

① ② ③

◀ 進め方

※ CD の中にある課題シートをプリントしてお使いください。

・上の絵を見て、その影はどんな影になるかを下から選んで（　　）の中に番号を書きます。

◀ ここでつけたい力

・図形問題が苦手な子どもは、形の輪郭を見分ける力が弱いことがあります。ここでは絵から影を見つけるというトレーニングを通して、形の輪郭を見分ける力、形の恒常性の力を養います。

◀ 指導のポイント

答　え 65 ページ

・形の輪郭だけを見て、さがすように伝えましょう。
・どうしてもわからなければ、絵を黒く塗ってみましょう。

◀ もっとチャレンジ

『やさしいコグトレ 認知機能強化トレーニング』（三輪書店）の「見つける」の中にある課題シート「この影はどれ？①②」を使ってみてください。

ねらい	視覚情報の共通点や相違点を把握する力、観察力を養います。
のびる力	注意・集中力、視空間認知力など。
課題	ちがうのはどこ？-1〜10　計10枚

見本

コグトレ ちがうのはどこ？　－1

がつ　　にち　なまえ（　　　　　　　　　　　）

うえと したの えを みてね。

ちがうところが あるよ。どこが ちがうかな？

32

◀ 進め方

※ CD の中にある課題シートをプリントしてお使い
　ください。

• 下の絵で上の絵と違うところを 3 つ見つけ、◯ で囲みます。

◀ ここでつけたい力

• 2 枚の絵の違いを見つけることで視空間認知力を養います。
• 細かな点まで注意して見つけることで注意・集中力を養います。

◀ 指導のポイント

答　え 65〜67 ページ

• 形の違いだけでなく、位置関係の違いなどにも注意してもらいましょう。
• この課題が難しければ、次の「ちがうえはどれ？」はより難しくなりますの
　で、この課題が確実にできるまで練習しましょう。
• 時間制限はありませんので、一度にわからなくても時間をおいて考えてもら
　いましょう。

◀ もっとチャレンジ

『コグトレ みる・きく・想像するための認知機能強化トレーニング』（三輪書
店）の「見つける」の中にある「違いはどこ？-1〜20」を使ってみてくださ
い。

ちがうえはどれ？

ねらい 視覚情報から複数の対象の共通点・相違点を見つける力、観察力を養います。

のびる力 視覚的な見落としが減る、など。

課題 ちがうえはどれ？-1〜10 計10枚

見本

コグトレ　**ちがうえはどれ？　－1**

がつ　　にち　なまえ（　　　　　　　　　　　　）

1つだけ ちがうえが あるよ。

それは どれかな？　　こたえ（　　　　　　）

どこが ちがうかな？

進め方

※ CD の中にある課題シートをプリントしてお使いください。

- 提示された 3 枚、または 4 枚の絵の中から、違う絵を 1 枚見つけ、（　　）の中に番号を書きます。

ここでつけたい力

- 複数の絵の中から違いを探すことで、視覚情報の中から共通点や相違点を見つける力を養います。
- じっくりと注意深く対象物を見る、観察する力を養います。

指導のポイント

答え 68～70 ページ

- 2 枚の絵を比べて、違いを 1 つ見つけたら、どちらの絵が他の絵と共通しているかを考えてもらうとよいでしょう。
- 他の絵との違いを ◯ で囲んでいくと、候補を減らすことができ、より見つけやすくなります。

もっとチャレンジ

『やさしいコグトレ 認知機能強化トレーニング』（三輪書店）の「見つける」の中にある課題シート「同じ絵はどれ？①②」を使ってみてください。

見つける　どこがおかしい？

ねらい	意味や文脈の違いに注意して考える力を養います。
のびる力	注意力、洞察力、など。
課題	どこがおかしい？–1～10　計10枚

見本

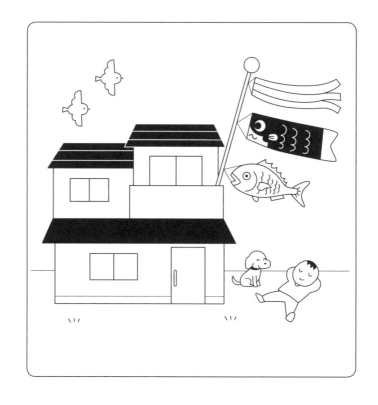

◀ 進め方

※ CD の中にある課題シートをプリントしてお使い
　ください。

- 1 枚の絵の中におかしいところが 1 つあります。それを見つけて ◯ で囲み
  ます。

◀ ここでつけたい力

- 絵の中に意味的、文脈的におかしなところがありますので、それらを考えな
  がら探すことで、注意力、洞察力などを養います。

◀ 指導のポイント

答え 70～72 ページ

- 単に形が異なるものを見つけるのではなく、意味や文脈が違うものを見つけ
  る必要があります。このため、通常は何が正しいのかといった一般知識がな
  いと難しい課題もありますので、子どもの発達に応じて取り組んでもらいま
  しょう。
- 難しいようであれば、普通はどうかを考えてもらう、おかしいところが含ま
  れる一定の範囲を示してあげる、などヒントを出してあげましょう。

◀ もっとチャレンジ

『やさしいコグトレ 認知機能強化トレーニング』(三輪書店) の「見つける」の
中にある課題シート「同じ絵はどれ？①②」を使ってみてください。

→ 幼児期の発達と
コグトレ

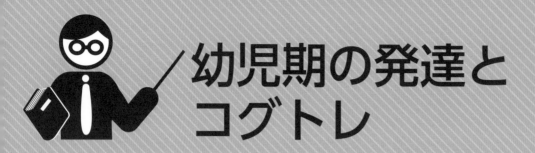

幼児期の発達と
コグトレ

青山芳文

コグトレの活用にあたって留意しておきたいこと

　コグトレは、医療少年院の法務技官として少年への指導・支援をしてきた精神科医の宮口幸治医師（現立命館大学教授）が中心となって開発された支援プログラムです。宮口医師は、少年たちの「認知力の極端な弱さ」と「適切な支援を受けて来られなかった環境的背景」に着目し、認知力を高めるための支援プログラムとしてコグトレを開発し、実践してきました[1,2]。そして、この支援方法が非行少年や発達障害のある子どもだけではなく、広く子どもたち一般に効果があることを、学校との共同研究で確かめてきています。

　コグトレの特徴をひとことで言うと、「無理なく取り組め、効果がある（楽に取り組め、役に立つ）」となります。もう少し具体的に言うと、次の3点に整理できます。

❶学習課題を直接教えて訓練する（できていないことを直接教えて訓練する）のではなく、その土台となる認知力を高めることを目的としている。
　（できていないことを直接教えて訓練するのは短期的には有効です。しかし、「何度やっても定着しない」のは、その土台を充実させる指導や支援が乏しく、不安定・不十分な土台の上に積み重ねようとしているからです。大切なのは、土台を固めることです）
❷認知の各側面（視・聴・記憶・注意・想像）を網羅して体系的に整理し、楽しみながら意欲的に取り組める教材（体系的な指導ツール）として構成されている。
❸指導者（教師や支援者）の時間的・経済的負担、子どもの時間的・心理的負担いずれも非常に少ない。コストパフォーマンスが極端に高い。

　コグトレの「一つひとつの要素」は多くのベテランの先生がこれまで長年にわたって用いてきた指導法と言えます。私は以前、小学校や特別支援学校で勤務していました。「ことばの教室」（現通級指導教室）担当や教育相談担当が長く、今で言う発達障害のある子ども

たちに対して、一人ひとり異なる特性や課題を踏まえて教材や指導法を工夫していました。振り返ってみると、その教材や指導法にはコグトレの要素が相当入っていましたが、教材の吟味と教材づくりに相当の時間と相当の費用をかけていたことを思い出します。

　通常の学級の担任でも、ユニバーサルデザインを大切にした集団指導のなかで個に応じた指導をしている先生なら、コグトレの多くの要素を子どもの活動のなかに自然と取り入れて指導しています。「名人」レベルの先生なら、結果としてコグトレの要素をほとんど網羅されているようです。

　一方、体系的なツールであり、包括的な支援プログラムであるコグトレは、指導者の時間的・経済的負担が極端に軽減されるので、「名人」でなくても取り組めるという画期的なものです。

　また、コグトレが認知力を高めるということに注目すると、非行少年や発達障害の特性が障害レベルにある子どもたちはもちろんのこと、発達が少しゆっくり目だったり認知力等が少し育ちそびれていたりする子どもを含め、一般の子どもたちこそ有効ではないかと考えています。

　なお、どのような指導法も、その目的と限定条件を理解せずに実施したり、一人ひとりの子どもの変化を十分に評価せずに続けたりすると、効果が望めないだけではなく、マイナスになることがあります。特に、コグトレは「楽に取り組め、役に立つ」という特徴があるので、そのリスクには十分に気をつけることが必要です。

　例えば、視空間認知力に極端な弱さのある子どもに機械的に取り組ませると、取り組むことに対する強い抵抗が生まれたり、かえって「しっかりと見ない」ことが促進されてしまったりすることがあります。また、聴覚記銘力に極端な弱さがある子どもに聴覚的ワーキングメモリーを使う課題を機械的に取り組ませると、取り組むことに対する強い抵抗が生まれたり、かえって「しっかりと聞かない」ことが促進されてしまったりすることがあります。

　「合わない」と感じたらその課題を強制することなく、「楽に取り組めて、できたことがわかる」課題に差し替えたり、宮口医師が理論的背景として書いている記述を参考にしながら、その子どもに合う課題を作って実施されることをお勧めします[2,3]。

　また、この『もっとやさしいコグトレ』の対象である、認知発達の段階が基本的に幼児期中期の子どもたちは、「からだ」「ことば（話し言葉）」「あそび」を中心とする日常生活のなかでの自然な活動によって発達の土台を耕すことが何よりも大切です。

　日常の自然な活動を中心にしながら、必要に応じてコグトレの活動を加味していただくことをお勧めします。

幼児期に大切にしたいこと

　ここでは、幼児期の発達と幼児期に大切にしたいことについて考えていきましょう。

　幼児期に大切にしたいこと（「からだ」「ことば（話し言葉）」「あそび」）について簡単に整理するとともに、私自身が読んで（見て）わかりやすかった書籍を紹介します。コグトレの解説書や発達障害についての書籍だけではなく、ぜひ目を通して視野を広げておいていただきたいと願っています。

1　からだ

　ここではまず、乳児期の運動発達（誕生後、二足歩行ができるようになるまでの運動発達）について、そのあとに幼児期からの「からだ」へのアプローチの重要性について簡単に整理します。

1）乳児期の運動発達

　乳児期は、誕生後間もない原始反射姿勢である ATNR（非対称性緊張性頸反射）姿勢ですが、原始反射が条件反射に置き換わり、さらに随意運動が可能となります。非対称性の姿勢から徐々に対称性を獲得し、仰臥位（あおむけ）では両手を合わせたり、両手の指を口に持っていったりすることができるようになります。さらに、両手で両足を持って遊んだり、両手で両足を持って足の指を口に持っていくことができるようになります。伏臥位（うつぶせ）では首を上げて前方を見ること、左右を見ることができるようになります。この段階では、まだ身体全体を移動させることができません。

　しかし、寝返りができるようになると、身体全体を移動させることができるようになります。はじめのうちは前方に進むのは難しく、後方に進んだりその場でくるくる回ったりするようになるのですが、「何かを取りたい」など、意欲をもってそのように動いたり、仰臥位から伏臥位へ、また伏臥位から仰臥位へ寝返りしたりすることにより、伏臥位になって足の親指で床を蹴って前方に進む（腹這いで進む）ことができるようになります。

　この腹這いの動きには、「腕（上半身）と脚（下半身）がねじれて歩く（右脚を前に出すときには、左腕が前に出る）」「かかとから着地して、重心が足裏の外側から前に移動して、足の親指で地面を蹴って歩く」という、人の二足歩行の基本が含まれています。

　「腹這い」での移動ができるようになると、手足（手のひらと脚）以外は地面に付けずに移動する「四つ這い」、さらに「高這い」や「つかまり立ち」に移行し、子どもたちの多く

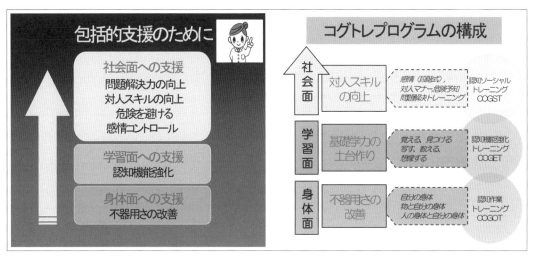

図1　コグトレプログラム

は1歳過ぎに満を持して二足歩行ができるようになります。

📖 **わかりやすく、参考になる本**

● 白石正久『発達の扉（上）』（かもがわ出版、1994年）

2) 幼児期と「からだ」

　発達の土台は「からだ」です。

　コグトレでも身体が土台として考えられています。宮口医師がコグトレの講演や講義で使っているスライド2枚を紹介します（**図1**）。

　「からだへの自信」は「自分に対する自信」と意欲の源でもあります。

　子どもの自信の土台は、乳幼児期に獲得される人への基本的信頼感です。特定の人（一般的には母親をはじめ家族）に対する安心感と愛着の形成によって培われ、「ほめられる」ことによって自信が得られるようになります。しかし、幼児期後半にもなると、やたらほめても効果はありません。本当に自分で「やった！」と感じたときのほうがはるかに自信に満ちた顔になることはよくみられるとおりです。

　この時期の子どもたちが、本当に「やった！」と感じられるのは、やはり「からだ」です。たとえテストで100点を取ったとしても（座学のペーパーで花丸をつけてもらったとしても）、それは「大人からの評価（そういうものかとわかるもの）」であり、身体と心か

ら湧き上がってくる感動ではないことが多いのです。それに対して、例えば、「今まで乗れなかった自転車に乗れた」ということは、世界が変わるほどの感動です。ただ、この時期の子どもの身体への自信は、決して人よりもできることを意味していないことには十分留意しておきましょう。

コグトレには、認知作業トレーニング（COGOT）というトレーニング体系があります。

『不器用な子どもたちへの認知作業トレーニング』（三輪書店）は幼児期の子どもたちにはまだ難しい認知力や運動能力が必要な課題が多いので、そのままではこの『もっとやさしいコグトレ』の対象である子どもたちには難しいと思われますが、考え方の参考になります。ぜひお読みください。

 ## わかりやすく、参考になる本

- 前橋　明『0〜5歳児の運動あそび指導百科』（ひかりのくに、2004年）
- 岩崎洋子（編著）・吉田伊津美、朴　淳香、鈴木康弘（著）『保育と幼児期の運動あそび』（第2版）（萌文書林、2018年）
- 加藤寿宏（監修）・高畑脩平、田中佳子、大久保めぐみ（編著）『乳幼児期の感覚統合遊び』（クリエイツかもがわ、2016年）

②　ことば（話し言葉）

ことばの力は認知力と密接な関係があります。認知力が高まることによって、ことばが確かになりますし、ことばの力（意味理解の力）が高まることによって、認知力が高まります。

ここでは、「わかる言葉を増やす（言葉を豊かに、確かにする）ことの大切さ」と「わかる言葉を増やすための支援」について整理しましょう。

1）わかる言葉を増やす（言葉を豊かに、確かにする）ことの大切さ

部屋の隅で遊んでいて大人同士の会話を聞いていないと思っていた子どもが、急に話に入ってきてびっくりした経験はありませんか。「人の声が好き」「聞く（聴く）のが好き」な子どもに育ち、家庭に豊かな会話がある子どもは、幼児期後半になると驚くほど大人同士の会話を聞いています。

この頃の子どもたちがよく発する言葉があります。

「○○って何のこと？」

尋ねられた言葉のなかに知らない言葉があったとき、会話のなかに聞いたことのない言葉があったとき、テレビのニュースなどで聞き慣れない言葉があったときなどに発する「○○って何のこと？」という言葉です。

　こうした子どもは、獲得している語彙数が多いのです。「○○」以外の言葉の意味が正確にわかっているから、わからない言葉（○○）を正確に聞き取り、その意味を尋ねることができるのです。他の部分がわかっているからわからないところがわかる、明確な質問をすることができるのです。

　そうすると、わかる言葉は加速度的に増えていきます。ほとんどがわかっている言葉なので、わからない言葉を正確に抽出することができ、疑問をもち、質問することができます。その結果、わかる言葉がますます増えるという良い循環です。

　逆に、語彙数が少ない（わかっている言葉の数が少ない）と、わからない言葉を抽出する（わからない言葉を聞き分け、わからないと意識する）ことも難しくなります。何度聞いても、何度読んでも、初めて聞いたり読んだりしたような気がするので、正確にわかる言葉が増えていかないという悪い循環です。

　言葉を育てること（ここでは、わかる言葉、語彙数を増やすこと）は、技術的な指導だけではできません。「この方法で、これだけすればよい」という単純なハウツウはなく、家庭を含めた言語環境の改善とていねいで長期的な支援（教育と子育ての総合力）を要します。

　学習の手段としての技能である「読む力」をつけるためにも、学習の内容を理解する言語力を育てるためにも、「わかる言葉を増やす（豊かに、確かにする）」ための総合的な支援をおろそかにすることはできません。

2) わかる言葉を増やすための支援

　言葉を育てるためには「耳を育てる（聞く力を高める）」ことが大切（土台）です。

　「耳を育てる（聞く力を高める）」といっても、聞く訓練をするのではありません。「人の声が好き」「聞く（聴く）のが好き」という子どもに育てるということです。

　そのためには、家庭での豊かな会話（特に親との豊かな会話）が大切です。

① わかりやすく、ていねいな語りかけが鍵

　家庭での豊かな会話、特に親との豊かな会話が大切です。

　そのためには、どうすればよいのでしょうか。「わかりやすく、ていねいに語りかける」ことです。とげとげしい言葉をかけ続けると、子どもから「聞く力」を奪ってしまいます。

　「最近の子どもは単語でしか話さない」と嘆く前に、大人自身が自分を振り返ってみま

しょう。命令文ではない文体で、穏やかに明瞭に語りかけていますか。「ていねいな語りかけ」というのは長文のことではありません。だらだらと語りかけられると、子どもは「聞き流す」ことを覚えてしまいます。大人の側が「誠実に（命令文ではない文体で、穏やかに明瞭に）語りかけ」ればいいのです。

「家庭」「親」と書いてきましたが、幼稚園・保育所・学校でも全く同じです。特に教師は職業柄、だらだらと説明したり、命令文の文体で子どもに話すことが多いことを自覚し、「命令文ではない文体で、穏やかに明瞭に誠実に語りかける」ことを意識しておきましょう。

また、教材を楽に読み、理解するためには、書き言葉の文体になじんでおかねばなりません。いたずらに「読む力」の訓練ばかりするよりも、「耳や口」が書き言葉の文体（適切な助詞が入り、主語と述語が揃っている文体）になじんでおくことが結局のところ近道なのです。

② 子どもの話に耳を傾けることが大切

「聞く力」は「話す力」とともに育っていきます。

「聞く力」が育つ土台が「人の声が好き」「聞く（聴く）のが好き」だとすれば、「話す力」が育つ土台は「人に伝えることが好き（人に伝えたいと思う）」「話すのが好き」ということです。

「話す力」には、2つの面があります。

一つは、相手にわかるように正しく話す力です。必要に応じて、書き言葉の文体で端的に話す力です。この力を高めることは、文をスムーズに正確に読むことと、文を論理的に理解することにつながります。

もう一つは、自分の思いや考えを語る力です。文法的に正しく話す力も大切ですが、自分の思いや考えを語る力が育っていないとコミュニケーションには役立ちません。文章を読んで作者の意図や考えを理解するためにも、この力は大切です。

自分の思いや考えを語る力は、指導や訓練では育ちません。「聞いてくれる人がいるから（自分の思いや考えを）語る」のです。子どもの話に耳を傾けましょう。長時間でなくてもいいのです。

③ 人への基本的信頼感を高め、自己肯定感を高めることにも役立つ

わかりやすくていねいな語りかけがあり、豊かな会話がある家庭や教室では、子どもたちは「人として尊重されている」と感じることができます。その結果、「耳が育ち、言葉が育つ」だけではなく、人への基本的信頼感が高まり、自己肯定感が育っていきます。

本の読み聞かせが特に有効

　幼児期から学童期前半には本の読み聞かせが特に有効です。心地よい読み聞かせを十分経験した子どもは、「人の声を聞くのが好き」になり、人の声に耳を傾けるようになります。同時に、学力や情緒の土台である「豊かな想像力」が育ちます。

　こうした経験が豊かな子どもたちの多くは、文字に親しむようになった後、読書好きの子になっていきます。見ることや聞くことの楽しみを土台に、読むことの喜びを育てることができ、読書の習慣へとつながっていきます。読書好きになり、読書の習慣がつけば、読む力がますます育ちます。読書には、会話にはないメリットがあります。それは、目の前に筆者がいなくても、読者の心の中で筆者とのやり取りが成立し、考えが深まることです。自分一人で目の前にいない人と対話できることです。

　読み聞かせなどを十分にして人の声を聞くのが好きだという気持ちを育てながらコグトレに取り組んでいただいてはじめて大きな効果があると考えられます。

　読み聞かせをするときに大切な留意点があります。それは、登場人物やあらすじを尋ねるといったつまらない真似はしないということです。繰り返しますが、「聞く力」を高める土台は「人の声を聞くのが好き」な子どもに育てることです。

④ 子ども同士の豊かな遊びの経験も大切

　次の節で「あそび」の大切さを述べますが、話し言葉の発達や想像力の発達に、子ども同士の遊びの豊かな経験が必要なことは言うまでもありません。

3　あそび

1）幼児期の子どもにとっての「あそび」

　幼児期の子どもにとっての最も大切な活動は遊びです。生活そのものが遊びなのです。お手伝いにしても、主体的に手伝うかぎり、それは「お母さんの真似っこ遊び」であり、幼児期の子どもにとって遊びはすべてといっても過言ではありません。

　幼稚園教育要領（幼稚園教育の指針として文部科学省が告示している基本文書）の前文は、次の文で締めくくられています。

「幼児の自発的な活動としての遊びを生み出すために必要な環境を整え、一人一人の資質・能力を育んでいくことは、教職員をはじめとする幼稚園関係者はもとより、家庭や地域の人々も含め、様々な立場から幼児や幼稚園に関わる全ての大人に期待される役割である。家庭との緊密な連携の下、小学校以降の教育や生涯にわたる学習とのつながりを見通しながら、幼児の自発的な活動としての遊びを通しての総合的な指導をする際に広く活用されるものとなることを期待して、ここに幼稚園教育要領を定める。」[4]

　幼稚園教育の指針となる幼稚園教育要領の目的が「幼児の自発的な活動としての遊びを生み出すために必要な環境を整え、一人一人の資質・能力を育んでいく」と書かれているのです。そして、本文にはそのための具体的な活動が整理・例示されています。

　保育所での保育の指針となる保育所保育指針や幼保連携型認定こども園教育・保育要領には前文がないのでこの文言はありませんが、幼稚園教育要領と同様、本文にはそのための具体的な活動が整理・例示されています[5,6]。

2) 異年齢や同年齢の子どもたちとの自然な遊び

　本来、大人の遊びもそうなのですが、特に幼児期の遊びは何かの手段としてではなく、遊びそのものが目的です。

　幼児期の子どもたちは、異年齢や同年齢の子どもたちとの自然な遊びのなかで、認知力や学力の基礎となる力を育み、応用力を身につけ、社会性を高めていきます。今、脚光を浴びている「非認知力」の育成の土台も基本的信頼感と遊びです。遊びを指導の手段に矮小化することなく、遊ぶ力そのものを育てたいものです。

3) 遊びを活用した療育など

　2)で述べたように、遊びは何かの手段としてではなく、遊びそのものが目的であり、異年齢や同年齢の子どもたちとの自然な遊びのなかでこそ、子どもたちは発達の土台を豊かに、確かにしていきます。

　もちろん、「遊びを活用して教育や療育をする」ことを否定しているのではありません。遊びを使いながら、ねらいに即した活動をすることも有効です。

　最近はデジタルゲームやデジタル教材が流行っています。デジタル教材も認知力の向上には一定の有効性があると思いますが、アナログゲームにはデジタルゲームには十分ではない有効な特徴があります。アナログゲームの典型の一つがボードゲームです。トランプや人生ゲーム® などは昔から続いていますが、最近では1歳半過ぎから大人までそれぞれの発達段階で楽しめるボードゲームが何百種類も発行されています。

　紹介している『アナログゲーム療育』の著者の松本太一氏は、「アナログゲームは認知力

を高めるとともに、人とかかわる勇気を醸成する」と述べています[7]。

わかりやすく、参考になる本

● 松本太一『アナログゲーム療育』（ぶどう社、2018 年）

　以上、幼児期に大切にしたいことについて整理してきました。

　最後に、特に幼児期中期の発達段階の子どもには、あくまでも「からだ」「ことば（話し言葉）」「あそび」を中心とする日常の自然な活動を中心にしながら、発達と必要に応じて少しずつコグトレの活動を加味していただくことをお勧めします。

文献

1）宮口幸治：ケーキの切れない非行少年たち. 新潮新書, 2019
2）宮口幸治：コグトレ みる・きく・想像するための認知機能強化トレーニング. 三輪書店, 2015
3）宮口幸治：やさしいコグトレ 認知機能強化トレーニング. 三輪書店, 2018
4）文部科学省：幼稚園教育要領.
5）厚生労働省：保育所保育指針.
6）内閣府・文部科学省・厚生労働省：幼保連携型認定こども園教育・保育要領.
7）松本太一：アナログゲーム療育. ぶどう社, 2018

→答　え

数える

まとめる①

1 ○: 4
2 ○: 5
3 ○: 5
4 ○: 4
5 ○: 4
6 ○: 5
7 ○: 4
8 ○: 4
9 ○: 5
10 ○: 5

まとめる②

1 ○: 3
2 ○: 3
3 ○: 4
4 ○: 4
5 ○: 4
6 ○: 4
7 ○: 4
8 ○: 4
9 ○: 4
10 ○: 5

かぞえる①

1 とい1: 4ひき
  とい2: 3つ
2 とい1: 3こ
  とい2: 4つ
3 とい1: 5ひき
  とい2: 4つ
4 とい1: 4わ
  とい2: 6つ
5 とい1: 6ひき
  とい2: 7つ
6 とい1: 5ひき
  とい2: 7つ

7 とい1: 7ひき
  とい2: 8つ
8 とい1: 7だい
  とい2: 7つ
9 とい1: 8そく
  とい2: 9つ
10 とい1: 9ほん
  とい2: 10

かぞえる②

1 とい1: 4ひき
  とい2: 4つ
2 とい1: 4ひき
  とい2: 5つ
3 とい1: 4ひき
  とい2: 5つ
4 とい1: 4わ
  とい2: 6つ
5 とい1: 5つ
  とい2: 6つ
6 とい1: 6こ
  とい2: 7つ
7 とい1: 6にん
  とい2: 7つ
8 とい1: 8つ
  とい2: 9つ
9 とい1: 8ひき
  とい2: 10
10 とい1: 10
  とい2: 9つ

かぞえる③

1 🍎: 7つ
2 🍎: 8つ
3 🍎: 6つ
4 🍎: 8つ
5 🍎: 9つ
6 🍎: 11
7 🍎: 9つ
8 🍎: 7つ

9 🍎 : 11
10 🍎 : 10

かぞえる④

1 🍎 : 6つ
2 🍎 : 9つ
3 🍎 : 8つ
4 🍎 : 8つ
5 🍎 : 10
6 🍎 : 10
7 🍎 : 9つ
8 🍎 : 7つ
9 🍎 : 11
10 🍎 : 9つ

かぞえる⑤

1 🍎 : 6つ 🍌 : 7つ
2 🍎 : 8つ 🍌 : 6つ
3 🍎 : 7つ 🍌 : 6つ
4 🍎 : 8つ 🍌 : 8つ
5 🍎 : 9つ 🍌 : 7つ
6 🍎 : 6つ 🍌 : 10
7 🍎 : 8つ 🍌 : 9つ
8 🍎 : 9つ 🍌 : 7つ
9 🍎 : 10 🍌 : 10
10 🍎 : 8つ 🍌 : 9つ

かぞえる⑥

1 🍎 : 6つ 🍌 : 6つ
　🍓 : 4つ 🍈 : 7つ
2 🍎 : 7つ 🍌 : 6つ
　🍓 : 7つ 🍈 : 5つ
3 🍎 : 6つ 🍌 : 7つ
　🍓 : 8つ 🍈 : 5つ
4 🍎 : 4つ 🍌 : 7つ
　🍓 : 6つ 🍈 : 8つ
5 🍎 : 9つ 🍌 : 6つ
　🍓 : 6つ 🍈 : 5つ
6 🍎 : 6つ 🍌 : 6つ
　🍓 : 6つ 🍈 : 8つ

7 🍎 : 6つ 🍌 : 5つ
　🍓 : 8つ 🍈 : 6つ
8 🍎 : 6つ 🍌 : 4つ
　🍓 : 9つ 🍈 : 5つ
9 🍎 : 8つ 🍌 : 6つ
　🍓 : 5つ 🍈 : 7つ
10 🍎 : 7つ 🍌 : 6つ
　🍓 : 10 🍈 : 5つ

かぞえる⑦

1 🍎 : 5つ 🍌 : 6つ
　🍓 : 6つ 🍈 : 4つ
2 🍎 : 7つ 🍌 : 4つ
　🍓 : 8つ 🍈 : 7つ
3 🍎 : 5つ 🍌 : 6つ
　🍓 : 8つ 🍈 : 6つ
4 🍎 : 6つ 🍌 : 7つ
　🍓 : 7つ 🍈 : 7つ
5 🍎 : 7つ 🍌 : 7つ
　🍓 : 8つ 🍈 : 5つ
6 🍎 : 5つ 🍌 : 7つ
　🍓 : 6つ 🍈 : 9つ
7 🍎 : 5つ 🍌 : 7つ
　🍓 : 10 🍈 : 6つ
8 🍎 : 6つ 🍌 : 5つ
　🍓 : 8つ 🍈 : 6つ
9 🍎 : 10 🍌 : 6つ
　🍓 : 5つ 🍈 : 6つ
10 🍎 : 7つ 🍌 : 7つ
　🍓 : 9つ 🍈 : 6つ

かぞえる⑧

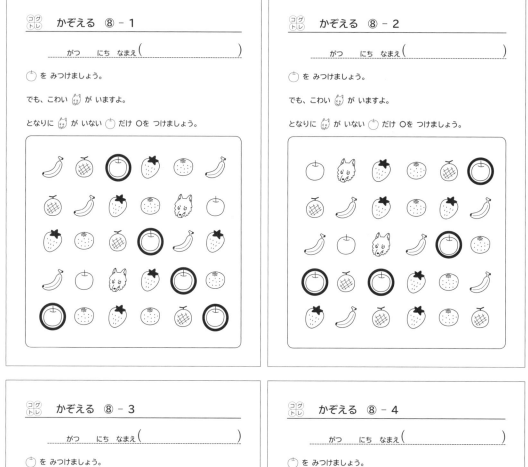

コグトレ かぞえる ⑧ - 1

がつ　にち　なまえ（　　　　　　）

🍎 を みつけましょう。

でも、こわい 🐺 が いますよ。

となりに 🐺 が いない 🍎 だけ ○を つけましょう。

コグトレ かぞえる ⑧ - 2

がつ　にち　なまえ（　　　　　　）

🍎 を みつけましょう。

でも、こわい 🐺 が いますよ。

となりに 🐺 が いない 🍎 だけ ○を つけましょう。

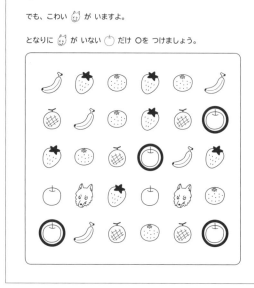

コグトレ かぞえる ⑧ - 3

がつ　にち　なまえ（　　　　　　）

🍎 を みつけましょう。

でも、こわい 🐺 が いますよ。

となりに 🐺 が いない 🍎 だけ ○を つけましょう。

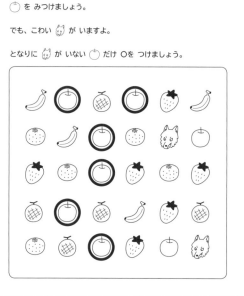

コグトレ かぞえる ⑧ - 4

がつ　にち　なまえ（　　　　　　）

🍎 を みつけましょう。

でも、こわい 🐺 が いますよ。

となりに 🐺 が いない 🍎 だけ ○を つけましょう。

がつ　にち　なまえ（　　　　　　　　　）

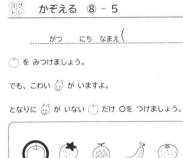 を みつけましょう。

でも、こわい 🐺 が いますよ。

となりに 🐺 が いない だけ ○を つけましょう。

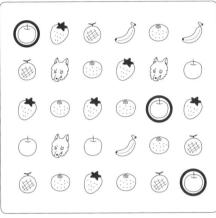

がつ　にち　なまえ（　　　　　　　　　）

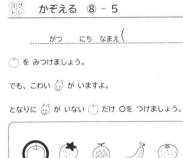 と 🍌 を さがしましょう。

でも、こわい 🦁 が いますよ。

となりに 🦁 が いない と 🍌 だけ ○を つけましょう。

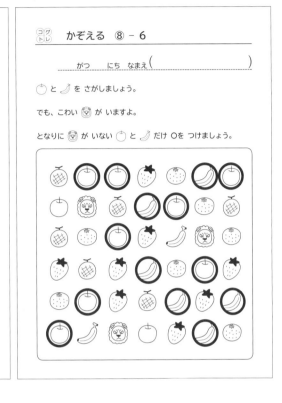

がつ　にち　なまえ（　　　　　　　　　）

 と 🍌 を さがしましょう。

でも、こわい 🦁 が いますよ。

となりに 🦁 が いない と 🍌 だけ ○を つけましょう。

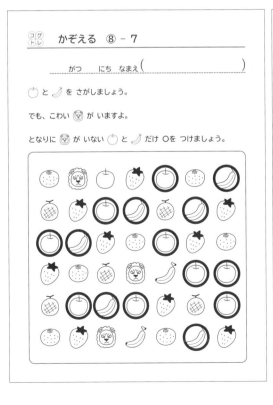

がつ　にち　なまえ（　　　　　　　　　）

 と 🍌 を さがしましょう。

でも、こわい 🦁 が いますよ。

となりに 🦁 が いない と 🍌 だけ ○を つけましょう。

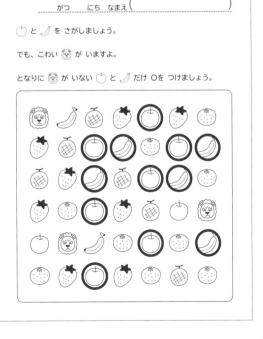

_____ がつ　にち　なまえ（　　　　　　　　　　　）

🍊 と 🍌 を さがしましょう。

でも、こわい 🦁 が いますよ。

となりに 🦁 が いない 🍊 と 🍌 だけ 〇を つけましょう。

_____ がつ　にち　なまえ（　　　　　　　　　　　）

🍊 と 🍌 を さがしましょう。

でも、こわい 🦁 が いますよ。

となりに 🦁 が いない 🍊 と 🍌 だけ 〇を つけましょう。

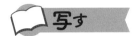 写す

てんつなぎ①

コグ
トレ　てんつなぎ　① - 1

_____がつ　　にち　なまえ（_____）

とい1：うすいせんを なぞって みよう。

とい2：うえのえを うつして みよう。

　　　×を つないで せんを ひいてね。

コグ
トレ　てんつなぎ　① - 2

_____がつ　　にち　なまえ（_____）

とい1：うすいせんを なぞって みよう。

とい2：うえのえを うつして みよう。

　　　×を つないで せんを ひいてね。

コグ
トレ　てんつなぎ　① - 3

_____がつ　　にち　なまえ（_____）

とい1：うすいせんを なぞって みよう。

とい2：うえのえを うつして みよう。

　　　×を つないで せんを ひいてね。

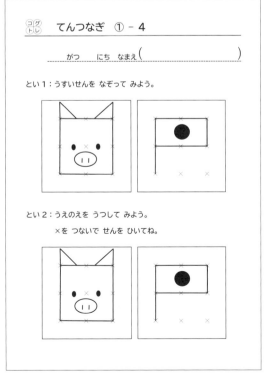

コグ
トレ　てんつなぎ　① - 4

_____がつ　　にち　なまえ（_____）

とい1：うすいせんを なぞって みよう。

とい2：うえのえを うつして みよう。

　　　×を つないで せんを ひいてね。

てんつなぎ ①-5

がつ　にち　なまえ（　　　　　　　　　　　　　）

とい1：うすいせんを なぞって みよう。

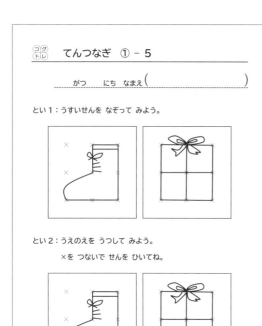

とい2：うえのえを うつして みよう。

　　　×を つないで せんを ひいてね。

てんつなぎ ①-6

がつ　にち　なまえ（　　　　　　　　　　　　　）

とい1：うすいせんを なぞって みよう。

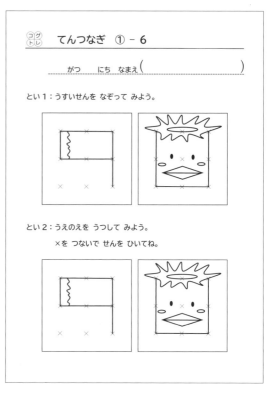

とい2：うえのえを うつして みよう。

　　　×を つないで せんを ひいてね。

てんつなぎ ①-7

がつ　にち　なまえ（　　　　　　　　　　　　　）

とい1：うすいせんを なぞって みよう。

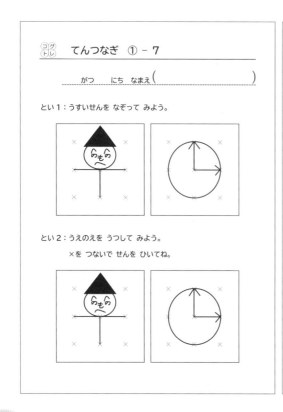

とい2：うえのえを うつして みよう。

　　　×を つないで せんを ひいてね。

てんつなぎ ①-8

がつ　にち　なまえ（　　　　　　　　　　　　　）

とい1：うすいせんを なぞって みよう。

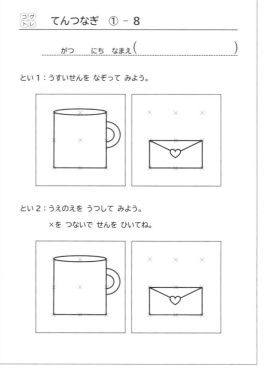

とい2：うえのえを うつして みよう。

　　　×を つないで せんを ひいてね。

てんつなぎ ①－9

がつ　　にち　なまえ（　　　　　　　　　　）

とい1：うすいせんを なぞって みよう。

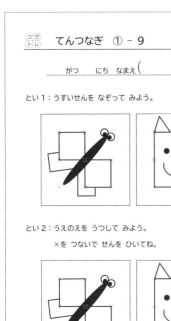

とい2：うえのえを うつして みよう。

　　　×を つないで せんを ひいてね。

てんつなぎ ①－10

がつ　　にち　なまえ（　　　　　　　　　　）

とい1：うすいせんを なぞって みよう。

とい2：うえのえを うつして みよう。

　　　×を つないで せんを ひいてね。

てんつなぎ②

てんつなぎ ②－1

がつ　　にち　なまえ（　　　　　　　　　　）

とい1：うすいせんを なぞって みよう。

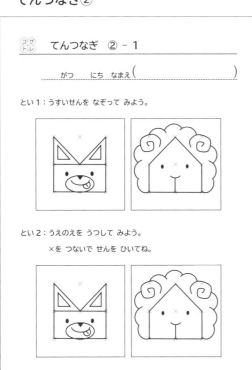

とい2：うえのえを うつして みよう。

　　　×を つないで せんを ひいてね。

てんつなぎ ②－2

がつ　　にち　なまえ（　　　　　　　　　　）

とい1：うすいせんを なぞって みよう。

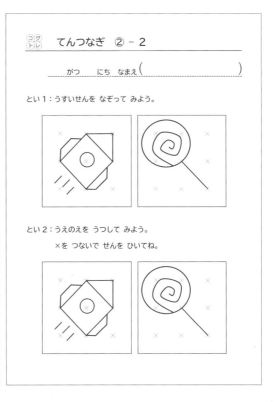

とい2：うえのえを うつして みよう。

　　　×を つないで せんを ひいてね。

がつ　　にち　なまえ（　　　　　　　　　　）

とい１：うすいせんを なぞって みよう。

とい２：うえのえを うつして みよう。

　　　×を つないで せんを ひいてね。

　　　　がつ　　にち　なまえ（　　　　　　　　　　）

とい１：うすいせんを なぞって みよう。

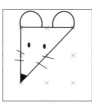 

とい２：うえのえを うつして みよう。

　　　×を つないで せんを ひいてね。

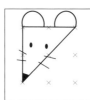

てんつなぎ ②-5

　　　　がつ　　にち　なまえ（　　　　　　　　　　）

とい１：うすいせんを なぞって みよう。

とい２：うえのえを うつして みよう。

　　　×を つないで せんを ひいてね。

てんつなぎ ②-6

　　　　がつ　　にち　なまえ（　　　　　　　　　　）

とい１：うすいせんを なぞって みよう。

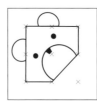

とい２：うえのえを うつして みよう。

　　　×を つないで せんを ひいてね。

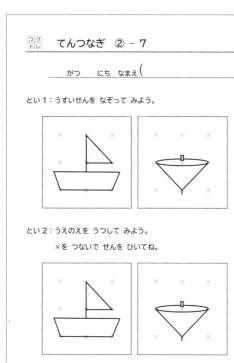

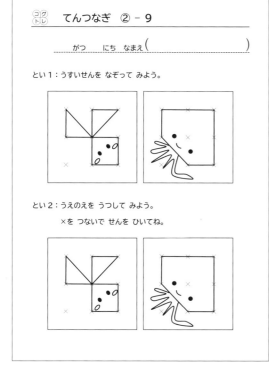

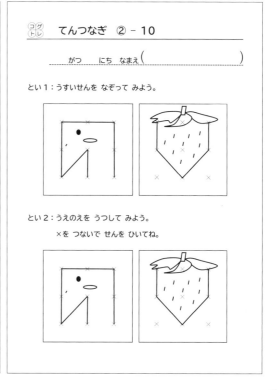

てんつなぎ ②−7

がつ　にち　なまえ（　　　　　　　　　）

とい１：うすいせんを なぞって みよう。

とい２：うえのえを うつして みよう。

　　　×を つないで せんを ひいてね。

てんつなぎ ②−8

がつ　にち　なまえ（　　　　　　　　　）

とい１：うすいせんを なぞって みよう。

とい２：うえのえを うつして みよう。

　　　×を つないで せんを ひいてね。

てんつなぎ ②−9

がつ　にち　なまえ（　　　　　　　　　）

とい１：うすいせんを なぞって みよう。

とい２：うえのえを うつして みよう。

　　　×を つないで せんを ひいてね。

てんつなぎ ②−10

がつ　にち　なまえ（　　　　　　　　　）

とい１：うすいせんを なぞって みよう。

とい２：うえのえを うつして みよう。

　　　×を つないで せんを ひいてね。

きょくせんつなぎ

がつ　にち　なまえ（　　　　　　　　　）

とい 1：まんなかの えを なぞりましょう。

とい 2：いちばんしたに えを かいてみよう。

　　　うえのえと おなじえに しようね。

がつ　にち　なまえ（　　　　　　　　　）

とい 1：まんなかの えを なぞりましょう。

とい 2：いちばんしたに えを かいてみよう。

　　　うえのえと おなじえに しようね。

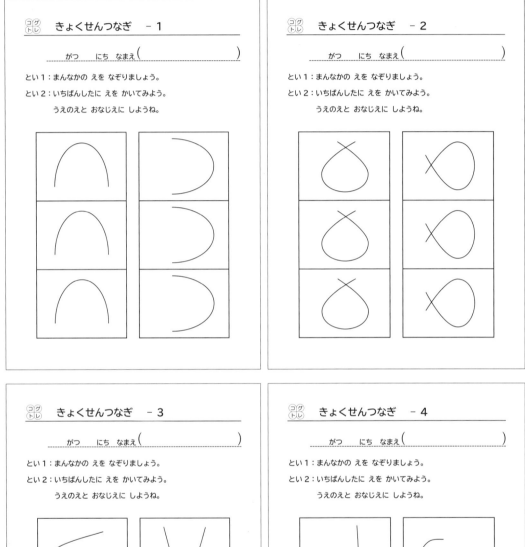

がつ　にち　なまえ（　　　　　　　　　）

とい 1：まんなかの えを なぞりましょう。

とい 2：いちばんしたに えを かいてみよう。

　　　うえのえと おなじえに しようね。

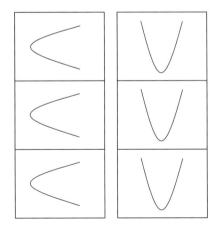

がつ　にち　なまえ（　　　　　　　　　）

とい 1：まんなかの えを なぞりましょう。

とい 2：いちばんしたに えを かいてみよう。

　　　うえのえと おなじえに しようね。

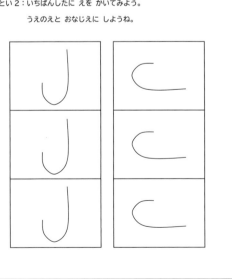

きょくせんつなぎ － 5

_____ がつ　　にち　なまえ（　　　　　　　　　　　）

とい１：まんなかの えを なぞりましょう。

とい２：いちばんしたに えを かいてみよう。

　　　うえのえと おなじえに しようね。

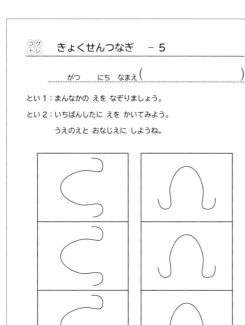

きょくせんつなぎ － 6

_____ がつ　　にち　なまえ（　　　　　　　　　　　）

とい１：まんなかの えを なぞりましょう。

とい２：いちばんしたに えを かいてみよう。

　　　うえのえと おなじえに しようね。

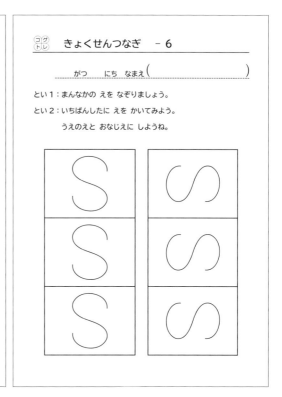

きょくせんつなぎ － 7

_____ がつ　　にち　なまえ（　　　　　　　　　　　）

とい１：まんなかの えを なぞりましょう。

とい２：いちばんしたに えを かいてみよう。

　　　うえのえと おなじえに しようね。

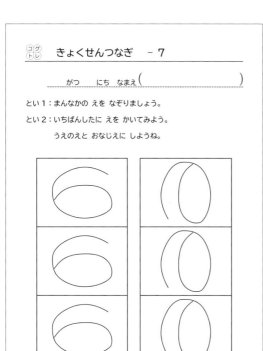

きょくせんつなぎ － 8

_____ がつ　　にち　なまえ（　　　　　　　　　　　）

とい１：まんなかの えを なぞりましょう。

とい２：いちばんしたに えを かいてみよう。

　　　うえのえと おなじえに しようね。

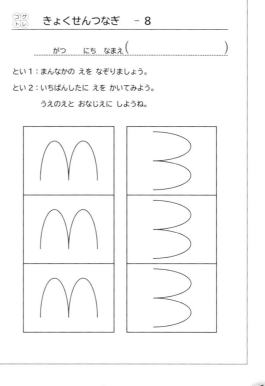

がつ　　にち　なまえ（　　　　　　　　）

がつ　　にち　なまえ（　　　　　　　　）

とい1：まんなかの えを なぞりましょう。

とい2：いちばんしたに えを かいてみよう。

　　　うえのえと おなじえに しようね。

とい1：まんなかの えを なぞりましょう。

とい2：いちばんしたに えを かいてみよう。

　　　うえのえと おなじえに しようね。

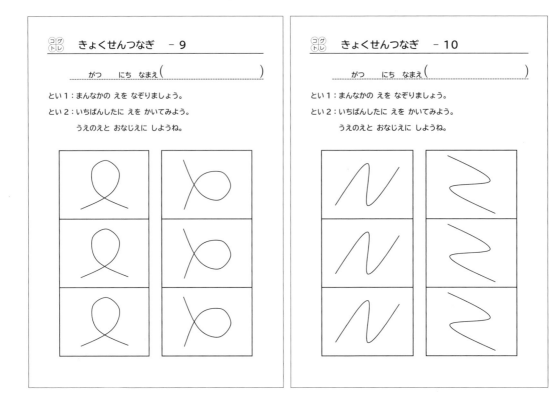

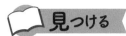

見つける

このかげはどれ？

1	①
2	③
3	③
4	③
5	②
6	①
7	④
8	③
9	②
10	③

ちがうのはどこ？

がつ　　にち　なまえ（　　　　　　　）

うえと　したの　えを　みてね。

ちがうところが　あるよ。どこが　ちがうかな？

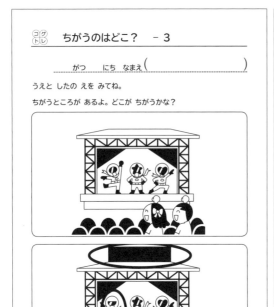

がつ　　にち　なまえ（　　　　　　　）

うえと　したの　えを　みてね。

ちがうところが　あるよ。どこが　ちがうかな？

がつ　　にち　なまえ（　　　　　　　）

うえと　したの　えを　みてね。

ちがうところが　あるよ。どこが　ちがうかな？

がつ　　にち　なまえ（　　　　　　　）

うえと　したの　えを　みてね。

ちがうところが　あるよ。どこが　ちがうかな？

がつ　　にち　なまえ（　　　　　　　　）

うえと　したの　えを　みてね。

ちがうところが　あるよ。どこが　ちがうかな？

がつ　　にち　なまえ（　　　　　　　　）

うえと　したの　えを　みてね。

ちがうところが　あるよ。どこが　ちがうかな？

がつ　　にち　なまえ（　　　　　　　　）

うえと　したの　えを　みてね。

ちがうところが　あるよ。どこが　ちがうかな？

がつ　　にち　なまえ（　　　　　　　　）

うえと　したの　えを　みてね。

ちがうところが　あるよ。どこが　ちがうかな？

ちがうえはどれ？

ちがうえはどれ？ －1

がつ　にち　なまえ（　　　　　　　　）

1つだけ ちがうえが あるよ。

それは どれかな？　こたえ（　③　）

どこが ちがうかな？

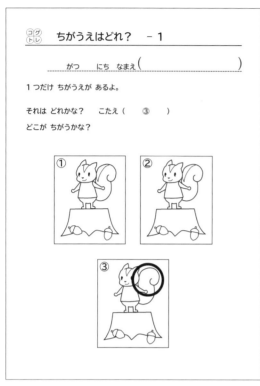

ちがうえはどれ？ －2

がつ　にち　なまえ（　　　　　　　　）

1つだけ ちがうえが あるよ。

それは どれかな？　こたえ（　①　）

どこが ちがうかな？

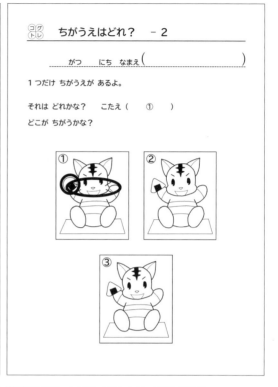

ちがうえはどれ？ －3

がつ　にち　なまえ（　　　　　　　　）

1つだけ ちがうえが あるよ。

それは どれかな？　こたえ（　③　）

どこが ちがうかな？

ちがうえはどれ？ －4

がつ　にち　なまえ（　　　　　　　　）

1つだけ ちがうえが あるよ。

それは どれかな？　こたえ（　②　）

どこが ちがうかな？

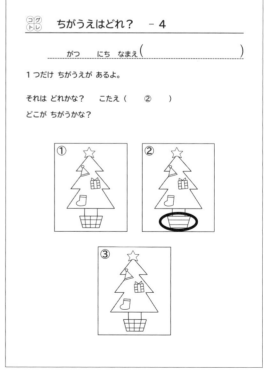

ちがうえはどれ？ － 5

がつ　　にち　なまえ（　　　　　　　　　　　）

1つだけ ちがうえが あるよ。

それは どれかな？　　こたえ（　　①　　）

どこが ちがうかな？

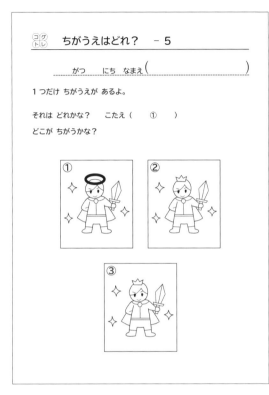

ちがうえはどれ？ － 6

がつ　　にち　なまえ（　　　　　　　　　　　）

1つだけ ちがうえが あるよ。

それは どれかな？　　こたえ（　　①　　）

どこが ちがうかな？

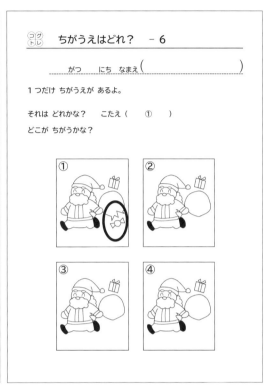

ちがうえはどれ？ － 7

がつ　　にち　なまえ（　　　　　　　　　　　）

1つだけ ちがうえが あるよ。

それは どれかな？　　こたえ（　　④　　）

どこが ちがうかな？

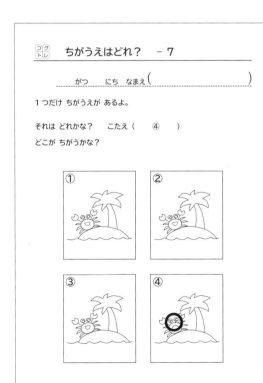

ちがうえはどれ？ － 8

がつ　　にち　なまえ（　　　　　　　　　　　）

1つだけ ちがうえが あるよ。

それは どれかな？　　こたえ（　　②　　）

どこが ちがうかな？

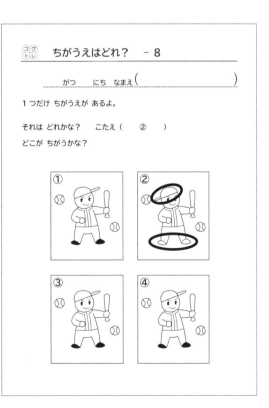

ちがうえはどれ？ －9

がつ　　にち　なまえ（　　　　　　　　　　　　）

1つだけ ちがうえが あるよ。

それは どれかな？　　こたえ（　　①　　）

どこが ちがうかな？

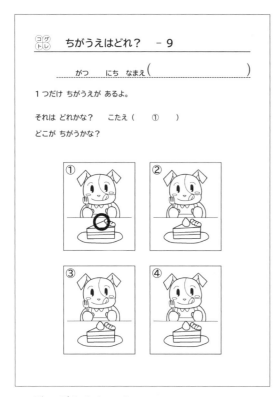

ちがうえはどれ？ －10

がつ　　にち　なまえ（　　　　　　　　　　　　）

1つだけ ちがうえが あるよ。

それは どれかな？　　こたえ（　　③　　）

どこが ちがうかな？

どこがおかしい？

どこがおかしい？ －1

がつ　　にち　なまえ（　　　　　　　　　　　　）

どこが おかしいかな？　おかしいところに ◯ を しよう。

どこがおかしい？ －2

がつ　　にち　なまえ（　　　　　　　　　　　　）

どこが おかしいかな？　おかしいところに ◯ を しよう。

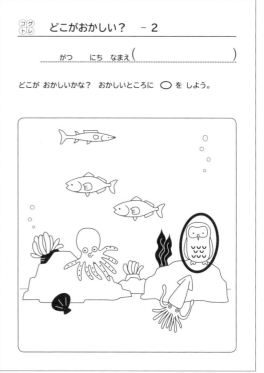

がつ　　にち　なまえ(　　　　　　　　　　　　)

どこが おかしいかな？　おかしいところに ◯ を しよう。

がつ　　にち　なまえ(　　　　　　　　　　　　)

どこが おかしいかな？　おかしいところに ◯ を しよう。

がつ　　にち　なまえ(　　　　　　　　　　　　)

どこが おかしいかな？　おかしいところに ◯ を しよう。

がつ　　にち　なまえ(　　　　　　　　　　　　)

どこが おかしいかな？　おかしいところに ◯ を しよう。

どこがおかしい？ － 7

がつ　　にち　なまえ（　　　　　　　　）

どこが おかしいかな？　おかしいところに ◯ を しよう。

どこがおかしい？ － 8

がつ　　にち　なまえ（　　　　　　　　）

どこが おかしいかな？　おかしいところに ◯ を しよう。

どこがおかしい？ － 9

がつ　　にち　なまえ（　　　　　　　　）

どこが おかしいかな？　おかしいところに ◯ を しよう。

どこがおかしい？ － 10

がつ　　にち　なまえ（　　　　　　　　）

どこが おかしいかな？　おかしいところに ◯ を しよう。

編著者略歴

宮口幸治（みやぐち こうじ）

立命館大学産業社会学部・大学院人間科学研究科教授．京都大学工学部卒業，建設コンサルタント会社勤務の後，神戸大学医学部医学科卒業．神戸大学医学部附属病院精神神経科，大阪府立精神医療センターなどに勤務の後，法務省宮川医療少年院，交野女子学院医務課長を経て，2016 年より現職．医学博士．子どものこころ専門医，日本精神神経学会専門医．臨床心理士，公認心理師．児童精神科医として，困っている子どもたちの支援を教育・医療・心理・福祉の観点で行う「日本 COG-TR 学会」を主宰し，全国で教員向けを中心に研修を行っている．

主な著書に『不器用な子どもたちへの認知作業トレーニング』『コグトレ みる・きく・想像するための認知機能強化トレーニング』『やさしいコグトレ』『社会面のコグトレ 認知ソーシャルトレーニング』『コグトレドリル（数える，写す，想像する)』『コグトレ実践集』（以上，三輪書店），『1 日 5 分！教室で使えるコグトレ 困っている子どもを支援する認知トレーニング 122』（東洋館出版社），『医者が考案したコグトレ・パズル』（SB クリエイティブ），『境界知能とグレーゾーンの子どもたち』（扶桑社），『るるぶ日本一周コグトレ・パズル』（JTB パブリッシング），『ケーキの切れない非行少年たち』『どうしても頑張れない人たち』（以上，新潮社）などがある．

著者略歴

青山芳文（あおやま よしぶみ）

立命館大学産業社会学部教授．京都大学教育学部卒業．宇治市立小学校の教諭，宇治市教育委員会指導主事，京都府立養護学校の部主事や教頭，京都府教育庁指導部障害児教育課総括指導主事，京都府総合教育センター特別支援教育部長，京都府立盲学校校長，佛教大学教職支援センター講師などを経て現職．特別支援教育士スーパーバイザー（S.E.N.S の会京都支部会長）．知的障害や発達障害等のある子どもや保護者，学校への支援を行っている．

主な著書に『小・中学校の教師のための特別支援教育入門』（ミネルヴァ書房）などがある．

佐藤友紀（さとう ゆき）

立命館大学大学院人間科学研究科臨床心理学領域卒業．

『やさしいコグトレ 認知機能強化トレーニング』（三輪書店），『もっとコグトレ さがし算 60（初級・中級・上級)』『1 日 5 分！教室で使える漢字コグトレ（小学 1，2，6 年生)』（東洋館出版社）に執筆協力．

もっとやさしいコグトレ
思考力や社会性の基礎を養う認知機能強化トレーニング

発　行	2020 年 8 月 31 日　第 1 版第 1 刷
	2021 年 11 月 1 日　第 1 版第 2 刷Ⓒ
編著者	宮口幸治
著　者	青山芳文，佐藤友紀
発行者	青山　智
発行所	株式会社 三輪書店
	〒 113-0033　東京都文京区本郷 6-17-9　本郷綱ビル
	☎ 03-3816-7796　FAX 03-3816-7756
	http://www.miwapubl.com
表紙デザイン	熊谷有紗（オセロ）
表紙イラスト	浦野結衣菜
本文イラスト	松永えりか（フェニックス）
印刷所	三報社印刷 株式会社

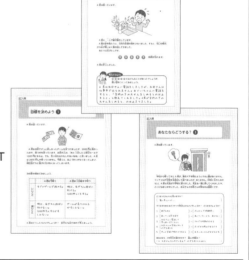